TEACH

YOURSELF

DORIC

A Course for Beginners

TEACH

YOURSELF

DORIC

A Course for Beginners

Douglas Kynoch

illustrations by
James Hamilton

SCOTTISH CULTURAL PRESS

To the mother who allowed me
to grow up bilingual

First published June 1994
Reprinted July 1994
Reprinted September 1994

Scottish Cultural Press
PO Box 106
Aberdeen AB9 8ZE
Tel/Fax: 0224 583777

text © 1994 Douglas Kynoch
illustrations © 1994 James Hamilton
Burns' Statue illustration p 36 © 1994 Norman Glen
cover design © 1994 Norman Glen

British Library Cataloguing in Publication Data
A catalogue record for this book is available
from the British Library

ISBN: 1 898218 14 5
Giftpack (book + audio cassette) ISBN: 1 898218 17 X

Printed by The Cromwell Press, Melksham, Wiltshire

PREFACE

This Doric primer appears at a time when the considerable threat to the North-east tongue seems to be matched by a determination that it should not be allowed to die without a struggle. The language used here is, generally speaking, the lively, if somewhat diluted, form of Doric spoken in the city of Aberdeen, though account has been taken too of the rich vernacular of the rural hinterland; and there's much here that the whole North-east corner should find familiar.

Other than stimulating interest in the Doric, the main aim of the book is to entertain. There is a long tradition of the use of Doric for comic purposes; and, if the language is in need of a tonic at the present time, laughter may be an appropriate medicine. At the same time, the grammar is genuine (or is intended to be) and may provide a useful basis for anyone bold enough to learn Doric. Where language-teaching has been sacrificed to levity, may the serious student forgive.

With great temerity (and perhaps foolhardiness), I have abandoned the standard form of Scots spelling in favour of a style which emphasises Doric's uniqueness among Scottish dialects, as well as highlighting its idiosyncratic pronunciation. It is to be hoped that any initial resistance to the changes on the part of the Doric-speaking reader will quickly disappear and that any inconsistencies of spelling will be forgiven. The appearance of some words seemed too familiar to change.

Students may wish, on completing the course of study, to return to this foreword and translate it into Doric. On the other hand, they may not.

ACKNOWLEDGEMENTS

The writer would like to express appreciation for all assistance received: early suggestion of vocabulary from Margaret Doverty, Norma Addison and Nannie Wilson; guidance on rural vocabulary from Flora Garry; help with children's rhymes from Anon, Mrs Connie Breslin of Balmedie, John Cruickshank, Joyce Everill, R Holt, Kathleen Madigan and Angus McDonald of Aberdeen; Mrs E Harper of Newmachar; Mrs M; Mrs Reid of Stoneywood and the Blythewood Reminiscence Group; B Y Rogers of Old Aberdeen; "a Turra wifie"; and Anne Wood of Keith. Especial thanks are due to Donald Manson, who read the manuscript and made useful suggestions. But without the manifold sayings of my mother, Nan Kynoch, there would probably have been no book.

"Aat Cat" was previously published by *The Deeside Field*.

"To a Mountin' Daisy Bill" was broadcast by Grampian Television, and the letter from Sandy Souter on BBC Radio.

"Look Faa's Here" is from a revue performed by Aberdeen Revue Group.

CONTENTS

LESSON 1: FOWK

1 maanie		**5** loonie	
2 wifie		**6** quinie	
3 laad, laadie, loon		**7** bairn	
4 laas, laasie, quine		**8** bairns	

aal old; *hoose* house; *gairden* garden; *spik* speak

A *maanie* may also be called a *maan* or a *chiel*. A *wifie* may be referred to as a *wumman*.

Definite Article

The definite article is not all that definite. *The* can be used, especially before or after a vowel.

e.g. *th' aal maanie wi the wifie*.

Frequently, however, *the* is rendered *'e*

e.g. *'e maanie, 'e wifie, 'e loonie*, though overuse of this form may be considered slovenly.

Diminutives

As has already been seen, nouns may be rendered in diminutive form by adding *ie* at the end, eliding any existing *e*.

e.g. wife (meaning older woman) usually becomes *wifie*.

The use of the diminutive need not always imply smallness. The wifie may be a big wifie, indeed, a muckle great wifie. Her dimensions remain her own business. Even a double decker bus may be hailed as a *bussie*.

The verb 'to be': as in English in the present tense.

Negatives

nae: not

e.g. *Paddy's nae a quine. She's a loon.*

Paddy's nae a quine

Exercise 1
Translate into English

The maanie's in 'e gairden. The wifie's nae in 'e gairden. The wifie's in 'e hoose. Is the maanie in 'e hoose? Na, he's nae. He's in 'e gairden. The bairns are at 'e school. Are 'e bairns in 'e hoose? Na, they're nae in 'e hoose. They're at 'e school. Are the bairns in 'e gairden? Are you listenin tae me? The bairns are nae in 'e gairden. The bairns are at 'e school. An I'm nae tellin you again!

Pronouns

Singular:

	Nominative	Accusative	Possess.Attrib.	Possess.
	I	me	my/ma	mine(s)*
	you/ye	you/ye	your/yir	yours
	he	him	his	his
	she	her	her	hers

Plural:

	Nominative	Accusative	Possess.Attrib.	Possess.
	we	us (eens)/hiz	oor	oors
	you eens	you eens	your/yir	yours
	they	them (eens)	their	theirs

* *Mines* is considered vulgar outside the context of the coal industry.

The pronunciation of these words when unstressed is as follows:

I: *a*; you: *ye*; your: *yir*; him: *em*; his: *eez*; she: *shi*; we: *wi*; our: *wir*; they: *thi*; them: *thim*.

Stressed or unstressed: theirs: *theyers*; yours: *youers*.

Exercise 2
Translate into English

1 I, me, my, mine. Fit a wifie tae spik aboot hersel!
2 Ilka chiel his his wumman.
3 Are you an me nae spikkin?
4 Spik tae him, nae tae hiz.
5 Fit wye are you eens in 'e gairden, fin we're in 'e hoose?

Interrogatives (used also as nouns, adverbs and conjunctions)

faa?:	who, whom?	*fit?*:	what?
faas?:	whose?	*fit wye?*:	why, (or sometimes) how?
faar?:	where?	*faan, fin?*:	when?
foo?:	how, (or sometimes) why?		

Adverbs, Pronouns

anywhere, anyhow:	*onywye/onyroad*
everywhere:	*aawye*
somewhere, somehow:	*somewye*
nowhere:	*naewye*

Es, Aat

Es denotes something near at hand, *aat* something farther away.

e.g. *Es is 'e maanie ower here. Aat's 'e wifie ower 'ere.*

Exercise 3
Translate into English

1 Faa's es maanie?
2 Faa's aat wifie?
3 Faas loonie's aat?
4 Faar's aat quine? Naewye.

5 Foo's yir bairnie
6 Fitwye's Muggie's laasie nae here?
7 Faan's 'e bussie?
8 Fit bussie's aat?

Me an Ma Grunnie

Me an ma grunnie
An a great lot mair
Kickit up a row
On the waash-hoose stair.
By cam a bobbie
An said "Who's there?"
Jist me an ma grunnie
An a great lot mair.

Trad.

grunnie	grandmother	*waash-hoose*	wash-house
a great lot	a large number	*cam*	came
mair	more	*jist*	just
kickit up a row	created a disturbance		

Answer in Doric

1 Who was in the vicinity of the wash-house?
2 What did they do there?
3 What was the nature of the police enquiry?

Answer in English

4 Do all grandmothers have wash-house stairs, or only step-grandmothers?
5 Why might the grandmother in the text be washing her dirty linen in public?
6 Should an English-speaking police officer have been sent to a dispute among Doricophones?

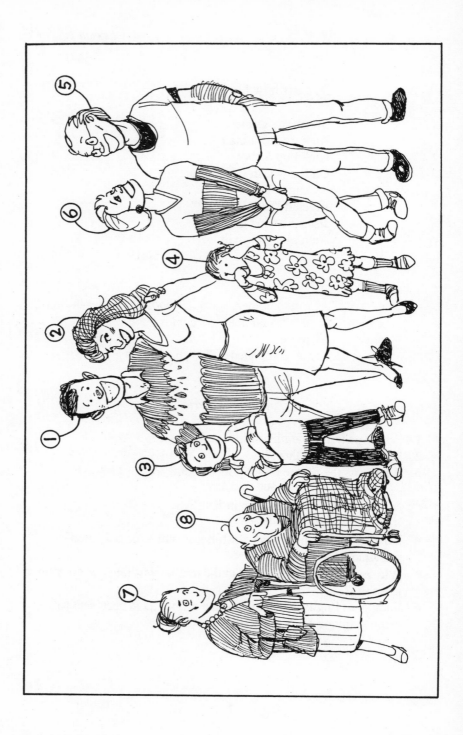

LESSON 2: THE FAIMLY

1 faither or da
2 mither or ma
3 son, loon or laadie
4 dochter, dother, quine

5 uncle
6 untie
7 grunnie
8 granda(d)

argy-bargy argue; *brither* brother; *faan oot wi* fallen out with; *funcy* fancy; *maan* man, husband; *sester* sister; *spyle* spoil; *mairriet* married; *thole, staan* bear, endure; *tae be teen wi* to like;

Exercise 1
Translate into English

The maanie is mairriet tae the wifie; he is 'e wifie's maan, the faither o the loon an quine.   The wifie is 'e maanie's wife, the mither o the bairns.   The loon is the brither o the quine.   The quine is 'e loon's sester.   The uncle is 'e maanie's brither; he is mairriet tae the untie*.   The grunnie is 'e faither's mither.   The granda is nae the faither's faither, bein 'e grunnie's sicond maan.

*   though this is now fairly unusual.

9

Exercise 2
Translate into English

1 The maanie an 'e wifie argy-bargy aboot 'e bairns.
2 The maanie spyles the loon an 'e quine.
3 The wifie is nae spikkin tae the maanie.
4 The faither his faan oot wi the uncle.
5 The mither canna staan the untie.
6 The untie canna thole the grunnie.
7 The grunnie's nae teen wi the mither or the untie.
8 Granda disna funcy ony o them.

Auxiliary Verbs

hiv : have   *dee* : do   *can*: can

Present Tense:

I, you, we, and **they** agree. Only **he** and **she** do not agree, being plain awkward.

I hiv (hae)	have	hinna	have not
he his	has	hisna	has not
I div (dee)	do	dinna	do not
he dis	does	disna	does not
I can	can	canna	cannot
he can	can	canna	cannot

Exercise 3
Answer in Doric

Sample question: Hiv you a brither?
      Answer: Ay, I hiv/Na, I hinna/Myn yir ain business

1   Dis yir mither spik tae yir faither?
2   Div you argy-bargy wi yir maan/wife/brither/sester?
3   His Muggie faan oot wi her maan?
4   His aabody twaa grunnies?
5   Can onybody hae three grunnies?
6   Div you an yir brither spik?
7   Can yir grunnie thole yir granda?
8   Hiv yir uncle an untie ony intintions o gettin mairriet?
9   Fit wye nae?
10   Is aat ony business o yours?

Additional Vocabulary:
onybody anybody; *aabody* everybody; *naebody* nobody
intintions what the path to hell is paved with.

Prepositions

abeen	above	*athoot*	without	*o*	of
ablo	below	*atween*	between	*oot o*	out of
aff	off	*ayont*	beyond	*or*	till, before
afore	before	*bi/by*	by	*ower*	over
aifter	after	*doon*	down	*roon*	round
alang	along	*fae*	from	*tae/till*	to
aside	beside	*intil*	into	*throwe*	through

Numbers

1-12: een, twaa, three, fower, five, sax/sex, seyvin/sivven, acht/echt, nine, ten, alivven, twaal

13-20: therteen, fourteen, fefteen, saxteen/sexteen, sivventeen, echteen, nineteen, twinty

Other useful numbers:

therty, forty, fefty, saxty/sexty, sivventy, echty, ninety,
a hunner
ten hunner = a thoosan

Days of the Week:

Monday, Tuesday, (*pronounced* 'Chuesday' – Tyseday is now old-fashioned), Widnesday, Thursday (Fiersday, rural), Peyday*, Setturday, Sunday

*also known as Freyday

Months of the Year:

Janury, Febury, Mairch, Aprile, Mey, June, July, Aagust, Siptimber, October, Novimber, Decimber.

(Decimber is just as often referred to as 'Naedecimber', as in the phrase: *It's Naedecimber alriddy!*)

Idioms
(Using 'have', 'can', and 'do')

She hisna her sorras tae sik.
She has more than her share of trouble.

Ye canna see green cheese...
A right copy cat you are!

Dinna get yir dander up!
Keep calm!

12

Ye dinna tell me!
How remarkable!

I jist aboot hid a jamaica!
I became over-excited.

(Using family names)

Ye'll be a maan afore yir mither, sonny
(A word of restrained encouragement to a young boy)

He's a bit o a laad, ye ken
He has a way with the ladies

Lovely, tell yir ma.
Lovely

He fair thocht he wis Airchie Pluff. An him jist Airchie's brither
He had a high opinion of himself. Unwarrantably so.

Fit-Are-We-Gaan-Tae-Dee?

Fit-are-we-gaan-tae-dee,
Fin winter's here
An heat's ower dear
Tae keep up high?
Fit-are-we-gaan-tae-dee,
Fin you're ower aal
Tae staan the caal
An sae am I?
Naebody feels the caal as much as me!
Fit-are-we-gaan-tae-dee?

Fit-are-we-gaan-tae-dee,
Fin me an you
Are doon wi flu
An aff nae weel?
Fit-are-we-gaan-tae-dee,
Fin Doctor's sure
There's nae a cure
In ony peel?
Fit-dae-ye-bet we catch pneumonia tee?
Fit-are-we-gaan-tae-dee?

Fit-are-we-gaan-tae-dee,
Fin claes weer oot
An my best suit
Is fit for scruff?
Fit-are-we-gaan-tae-dee,
Fin doon the lum
Twaa burglars come
An steal wir stuff?
Somebody micht pit pyshen in wir tea!
Fit-are-we-gaan-tae-dee?

Fit-are-we-gaan-tae-dee,
If you an me
Collidit wi
A Mastrick bus?
Fit-are-we-gaan-tae-dee
The day we read
"North-east pair deid"
An aat pair's us?
Faar'll we fyn the undertaker's fee?
Fit-are-we-gaan-tae-dee?

Henry Wadsworth Langchiel

Answer in English

1 Are the causes of concern expressed here real or imagined?
2 What do you think is meant by 'scruff'? Would you include yourself in this category?
3 What are the chances of the writer being knocked down by a Mastrick bus, assuming he lives in Fittie? Discuss.

Answer in Doric

4 Fit's es aal billie greetin aboot onywye?
5 Can ye believe aathing the doctor says? Dis he believe the half o't himsel?
6 Fit's tae stop burglars gettin doon the lum o your hoose?

LESSON 3: AROON 'E HOOSE

1	waa	9	(airm)cheer
2	fleer	10	taiblie
3	ceilin	11	piana
4	door (*pron*.doh-or)	12	picter
5	windae	13	caat
6	muntelpiece	14	moose
7	styoo	15	lecht
8	skirtin	16	press

baakie back garden; *benihoose* in the next room; *cadiz* fluff; *claes, clyes* clothes; *doonistair* downstairs; *firie* coal fire; *hullocks* heaps; *laavie* lavatory; *redd* to tidy; *room* best room; *scaart* scratch; *shoogly* unsteady; *troke* clutter; *upistair* upstairs; *waashin* washing

Useful phrases

Fit a styoo on aat muntelpiece!
A considerable amount of dust has gathered on the mantelshelf.

Aat's her upistair hingin her waashin oot on my ropie.
The woman upstairs is unacquainted with the regulations governing the back green.

Her doonistair thinks she ains aat baakie!
The woman downstairs tends to monopolise the back green.

Leiper's in 'e laavie, postie.
My neighbour is using the common toilet and is at present unavailable, postman.

Oor Norrie hings his claes up on a nail on 'e fleer.
Norman has an aversion to hanging his clothes up.

Ye'd maak a better door nor a windae.
Excuse me, please. I cannot see past you.

There's a firie on in 'e room.
We're expecting visitors.

See fit Albie's deein benihoose an tell him tae stop it.
Reprimand Albert in the next room, or wherever he may be on the same floor.

Exercise 1
Translate into English

1 Faa left 'e lobby lecht on?
2 Faa's been scaartin ma skirtin?
3 Get aat troke oot o the road or I get reddit up.
4 Is aat a moose in ablo yir cheer?
5 'Ere's hullocks o cadiz in ablo Grunnie's bed.
6 Es taiblie's gey shoogly.
7 It's a cheerless hoose ye canna set doon in.
8 Isn't aat a bonnie picter on 'e waa?

Expressions of time

the day	today	*es aifterneen*	this afternoon
the necht	tonight	*es wik*	this week
the morn	tomorrow*	*nex wik*	next week
the morn's necht	tomorrow night	*las wik*	last week
yisterday	yesterday	*iv now*	at present
es mornin	this morning		

* except when used by tradesmen, when it could mean any time

Regular Verbs

The past tense of a regular verb is formed by adding *t* or *it* to the end, having first removed or repeated the last consonant, whichever is more confusing.

e.g. tell *telt*; stop *stoppit*

Common Irregular Verbs

tae dee to do; *tae ging/gae* to go

Tae dee:

Present	'I dee/div aathing I can for Rosie.'
Present Contin.	'I'm aye deein her dishes for her.'
Perfect	'I've deen her gairden for 'ears.'
Past Historic	'I did her hoovrin las nicht.'
Interrogative	'An div ye ken fit she says to me?'
Imperative	'Dee yir ain waashin fae now on!'

Tae ging:

Present	'I ging/gae tae the bingo once a wik.'
Present Contin.	'I'm gaan on a Friday iv now.'
Perfect	'I've gaen (*pron*.gin) twice es wik.'
Past Historic	'I gaed (*pron*.gid) baak yon necht 'ere wis naething on TV.'
Interrogative	'Will ye ging tae the bingo wi's nex wik?'
Imperative	'Ging faan ye're telt!'

Exercise 2
Supply the missing verbs

Use *'dee'* ___ aat again an I'll ___ you!

___ you, Bessie, taak es chiel tae be your lawful, weddit maan?

Willie's a single chiel. He ___ fit he likes.

Joe's a mairriet maan. He's ___ fit he's telt for forty 'ear.

Use *'ging'* Look faar ye're ___! ___ faar ye're lookin!

Teenie an Tam ___ awaa their holidays yisterday.

Aat's 'e therd time es year they've ___ awa.

They're fair ___ their dinger!

20

Aat Caat

Fit's aat lowpin
Ower 'e fleer?
Faa's aat dowpin
On my cheer?
Aat caat!

Hud yir howkin?
Come oot o aat press!
Aye powk-powkin!
Jist maaks a mess,
Aat caat!

Stop aat scartin!
Fit are ye sikkin?
Clooks like a partin!
Needin a lickin,
Aat caat!

Faar's yir pirnie?
Ye hinna tint it?
Spik aboot girnie!
Drive ye demintit,
Aat caat!

Nae aat clivver,
Files a footer,
I could nivver
Dee athoot her,
Aat caat!

Samuel Taylor Coalcairt

lowp leap; *dowp* sit; *clooks* claws; *partin* crab; *lickin* punishment; *hud* hold; *howk* dig; *powk* poke; *pirn* cotton reel; *tint* lost; *girnie* querulous; *files* sometimes; *footer* bother.

Answer in English

1 In what ways does the cat demonstrate its waywardness?
2 What is a possible cause of the animal's disquietude?
3 Is the poet altogether unforgiving?

Answer in Doric

4 Fit gaars a caat lowp?
5 Fit ails es cratur, to be steerin aboot like yon?
6 Div ye ivver gie yir caat a lickin? Or dis it lick itsel?

LESSON 4: HAEIN FOWK IN

Dramatis Personae: **The Hosts**:   Mr Mitchell, Mrs Mitchell
                       The Guests: Mr Bissett, Mrs Bissett

(Vyces aff)

Mrs Mitchell: Weel, it's yirsels. Hiv ye been wytin lang? We didna hear ye the ferst time ye rang.

Mrs Bissett: Na, na, we're jist new here. Bit we likit the soon o "The Bluebells o Scotland" aat much, we rang yir bell twice.

Mrs M: Come awaa in oot o aat poorin rain.

Mr Bissett: Fit a nicht. It's fair stottin doon.

Mrs B: Aat's a floorie tae ye.

Mrs M: Och, ye shouldn'ave. Aat's lovelee. I'll pit em in waater in a mintie. Bit you taak aff aat weet things. I'll hing em up an you ging awaa ben.

Mr Mitchell: Ay, ay. Fit like?

Mr B: (entering) Nae bad, Dod. Tyaavin.

Mr M: Foo're ye deein, Mrs Mutch?

Mrs B: Och, caain awaa. Naething else for't. Foo's yirsel?

Mr M: Oh, kneipin on like yirsels. Come in aboot tae the fire now. Sit doon, Mrs Bissett. Maak yirsel at hame, Dod. Ye maun be jeelt.

Mrs B: Ay, it's caal as weel's weet. Nae as bad as yisterday, though. Thon wis jist starvation.

Mr M: Ay, an it wis real skytie underfit tee. Muggie near took a tummle, didn't ye Muggie?

Mrs M: (entering) Ay, did I. Ootside 'e Co-opie (*pron.* copie) I cam doon wi an affa like sklyte.

Mrs B: Did ye hurt yirsel?

Mrs M: I barkit ma knees, aat's aa. It gies ye a richt shaak up though.

Mrs B:	Sae it dis, Mrs Mitchell. I ken fit ye mean. I fell doon a hole in the grun masel a wik or twaa ago.
Mr M:	Awaa ye go!
Mrs M:	Mercy me! Fit did ye dee tae yirsel?
Mrs B:	I wis affa lucky. I jist yarkit ma queet.
Mr M:	Oh, bit it's sair aat. I've deen aat mony's 'e time. 'Ere wis ae day . . .
Mrs M:	We're nae needn tae hear aboot your girns. Mrs Bissett's tellin's aboot hers.
Mr B:	Weel, she lat oot some skirl, I'll tell ye aat. I got a gey fleg masel.
Mr M:	Honest truth, it's affa the wye they leave aat holes lyin aboot.
Mrs M:	Well, ye'll be riddy for a cuppie tea.
Mrs B:	(*Maakin on she's surprised*) Oh, aat'll be lovelee.
Mrs M:	Foo dae ye taak it?
Mrs B:	Melk an nae sugar for me. Sugar an nae melk for Andy.
Mrs M:	Foo muckle sugar, Mr Bissett?
Mr B:	Jist the een, thanks.
Mrs M:	Are ye sure? 'Ere's plinty.
Mr B:	Na, I'm sweet anough.
Mrs M:	Noo, will ye hae a softie an spam or a rowie an jam?
Mrs B:	Ye canna beat a softie an spam.
Mr B:	I'll taak a rowie an jam. It gings roon yir hert like a hairy worm.
Mr M:	Help yirsels noo. Ye're at yir blin untie.
Mrs M:	Ay, steck in or ye steck oot, eh?
Mr B:	We'll need tae save room for the funcies, though. Ye've a plate o bakin 'ere nae handy.
Mrs M:	Mair tea, Mrs Bissett?
Mrs B:	Jist a suppie.
Mrs M:	A thochtie mair for you, Mr Bissett?
Mr B:	Ay, as lang's ye're poorin.
Mr M:	Better tae be poorin tea than poorin rain. Aat's fit I aye say. (*Aabody lauchs*)

24

poor pour; *queet* ankle; *stot* bounce; *girns* complaints; *floorie* flower(s); *fleg* scare; *mintie* minute; *maakin on* pretending; *jeelt* frozen; *melk* milk; *caal* cold; *softie* soft biscuit, bun; *starvation* very cold; *rowie* morning roll; *skytie* slippery; *blin* blind; *tummle* tumble; *funcies* fancy cakes; *sklyte* heavy fall; *nae handy* in abundance; *barkit* skinned; *suppie* sip; *grun* ground; *thochtie*: thought, bit; *yarkit* wrenched; *weet* wet

1 If 'The Bluebells o Scotland' wis intert in a "Doorbell for Europe" competition, foo mony pynts wid ye gie't?
2 Fit wye dis Mrs M tell Mrs B she shouldn'ave brocht her flooers. Wid she raither hiv hid a boxie o sweeties?
3 Fit wye dis Mrs B maak on she's surprised tae get a cuppie tea. Fit micht she hae said if she *hidna* got a cuppie?

Greetings and Responses

Ay, ay
     Hello, how are you, how do you do?

Foo's yirsel; fit like; foo are ye deein?
     How are you?

Nae bad. Fit like yirsel?
     Well, thank you. How are you?

Warslin on; caain awaa; kneipin on; tyaavin awaa; deein awaa.
     (Literally): wrestling; driving; knocking; struggling; getting on.
     (Actually): Fine, thank you.

Foo's yir doos? Aye pickin.
     How are your pigeons? Still picking.

Ailin; failin; hingin on; deid.
     Unwell, getting worse, critical, unlikely to recover.

The Weather

dreich	dismal	*mochy*	muggy
weet	wet	*waarm*	warm
threatnin	overcast	*thunry*	thundery
thunner plump	thunder shower	*snaa bree*	slush
poorin o rain	pouring rain	*caal*	cold
byordnar caal	uncommonly cold	*affa caal*	very cold
snell win	cutting wind	*plowt*	heavy shower
het	60° F	*raa*	raw
ower het	62° F	*haar*	sea mist
athoot devaal	without stopping	*roch*	rough
dubby	muddy		

caal enough for snaa why aren't the roads gritted?; *dingin doon snaa* snowing heavily; *starvin* feeling uncommonly cold; *plottin* feeling uncommonly hot

Meteorological Anecdote

The comedians Harry Gordon and Stanley Baxter were appearing in a "Five Past Eight" summer show at His Majesty's Theatre, Aberdeen. When houses got a bit thin, Harry told Stanley 'It's ower het, they winna come in.'

When later in the season, audiences tailed off once again, Harry explained 'It's ower weet, they winna come oot.' Intrigued by this, Stanley asked what the weather had to be before audiences improved.

After a moment's thought came the reply 'Threatnin.'

Food and drink

finnan haddie	Findon haddock	*smokie*	smoked fish
buckie	whelk	*raan*	fish roe
mealie jimmie	white pudding	*skirlie*	oatmeal dish
sassage	sausage	*bap*	floury roll
neep	turnip	*tattie*	potato
sproot	sprout	*tomata*	tomato
cubbage	cabbage	*fly-cup*	an odd cup of tea
ale	mineral water		

Exercise 1
Use the foregoing vocabulary to answer in Doric

1 Fit like?
2 Foo's yir mither aye deein?
3 Foo's yir aal maan?
4 Foo's yir doos?
5 Fit like a day wis it yisterday?
6 If 62 degrees is ower het, foo caal is ower caal?
7 At fit time o year is it het at 'e North Pole?
8 Is Aiberdeen mair like the Sahara or 'e North Pole? Fit wye?
9 Fit are ye needn tae yir brakfast?
10 Fit are ye nae wintin for yir dainer?
11 Fit's yir favourite tea, nae coontin fesh an cheps?
12 Fit gaars ye kowk?

Small talk: Useful phrases

Gie's yir craak
    Tell me your news

Fit's aa the claik?
    What's the tittle tattle?

We'll need tae hae a newse
We must have a chat

Come awaa intae the body o the kirk
Come and join the rest

Taak 'e wecht aff yir feet
Do be seated

Hing yir coat on a nail on 'e fleer
Put your coat anywhere at all

Fit dis yir aal maan dee?
How is your husband professionally engaged?

He eence caad a coalcairt
He was once a coalman

He's wi the Co-opie melk iv now
He's a Co-operative milkman at present

Help yirsel, ye're at yir blin untie
Feel free to take as much as you like

Steck in or ye steck oot
Eat your fill

Yir speen could staan up in her broth
She makes a substantial plate of soup

It gings roon yir hert like a hairy worm
It tastes good

Gyad sakes!
I don't much care for this!

Yir een are bigger nor yir belly
You have over-estimated your appetite

A haansome wife/husband
The last cake/bun on the plate

Dinna be a stranger
Come again soon

Gie ma door a chaap some time
> Knock at the door some time

Ye'll bide for a cuppie tea
> We shan't be asking you to dinner

Here's yir haat. Fit's yir hurry?
> Must you really go now?

Naething in Yir Haan

If ye bide in Aiberdeen an pey a visit for a craak,
There's a rule that Aiberdonians maun nivver, nivver braak.

Oh, it disna really maitter faar ye're gaan,
Ye canna ging wi naething in yir haan.
It's nivver naething funcy an it needna be a lot:
A daffie fae the gairden or a cubbage fae the plot.
Or really ony little thingie that ye think they hinna got;
Bit ye canna ging wi naething in yir haan.

Gin it's only half a pun o cookit raan,
Ye canna ging wi naething in yir haan.
A bittie countra butter that's come aa the wye fae Skene,
A poke o nippie sweeties or a pluntie fae the Green,
A great big pile of Weekly Newses wi the crossword puzzles deen;
Bit ye canna ging wi naethin in yir haan.

Though it's jist tae Mrs Thingie an her maan,
Ye canna ging wi naething in yir haan.
A tastie o yir toffee, twaa-three tatties or a sproot,
A bilin o yir rhubarb or a basketie o fruit.
It's mair than likely fin ye ring their bell, the folk'll aa be oot,
Bit ye canna ging wi naething in yir haan.

Aa the folk that come tae you should unnerstaan
They're welcome though they've naething in their haan.
Ye wish they widna bother; an for aa it's kindly mint,
Ye canna bit be vexed aboot the siller that they've spint,
On maakin sure yir hoose is stappit full o stuff ye dinna wint;
Bit ye canna ging wi naething in yir haan.

An fitivver ye taak in till Untie Nan,
Ye'll come awaa wi something in yir haan.
The clockie's chaapit ten; an, though it's time for ye tae win,
She plowters in her press; an syne she fichers in her tin;
An sure as daith, gies you fit you gied her, fin last ye lookit in;
Bit ye canna ging wi naething in yir haan.

Percy Bysshe Smellie

Answer in English

1 What is the golden rule for visiting Aberdonians?
2 Enumerate a few suggested gifts.
3 What useless goods have you yourself received in this way?

Answer in Doric

4 Fin the poet says 'a sproot', is't jist the ae sproot aat's
      mint?
5 Fit wid ye taak in till a wifie that hid aathing?
6 Fit wid ye taak in till Untie Nan, if ye could be sure o
      gettin't baak nex time?

LESSON 5: TOON

kirk	church	*sets*	sits
gairden	garden	*teem*	empty
shoppies	shops	*messages*	shopping
bussie	bus	*brae*	slope
brig	bridge	*caarie*	car
(super)mairket	(super)market	*hivven*	heaven
shoppin cintre	shopping centre	*shaak*	shake
poke	paper/plastic bag	*feart*	afraid

The toon is full o hooses: big hooses an smaa hooses. Bit 'ere's nae jist hooses in 'e toon. 'Ere's kirks, schools an gairdens wi flooers. 'Ere's shoppies tee, mairkets, supermairkets an shoppin cintres. 'Ere's roads an braes an brigs tae waalk on. Ere's bussies on 'e roads, a lot o motors an fowk aawye.

Exercise 1
Translate into English

Fowk bide in hooses. Is your hoose a big hoose? Ay, it is. Oor hoose is an affa big hoose. Is the Toon Hoose a smaa hoose? Na, it's nae. 'E Toon Hoose is nae a smaa hoose. 'E Toon Hoose is nae a hoose avaa. 'E Toon Hoose is faar ye get a cooncil hoose. Fit's mair, it's faar 'e cooncil sets. The kirk is God's hoose. It's teem maist o the wik, bit only half teem on a Sunday. A shoppie is faar ye get yir messages. Een o the shop staff pits yir messages intae pokes an you pit 'e pokes intil a plastic buggie.

Exercise 2
Answer in Doric (in a sentence)

Sample question: Fit is a shoppin cintre?
         Answer: A shoppin cintre is fit spyles the fit o George St.

1   Fit can ye fyn in a supermairket (assumin they hinna moved it)?
2   Is it baiter for the kirk tae be half teem or half full?*
3   Fit wye div ye get a cooncil hoose? (Answer in triplicate)
4   Fit div they teach at 'e school nooadays?
5   Fit div ye mean 'Hivven aleen kens!'?
6   Dis a brae ging up or doon?
7   Fit wis the Shaakin Briggie feart o?

* 'full', like 'bull' and 'pull' is pronounced as in the English 'gull'.
'Dull', however, is pronounced 'dreich'.

Exercise 3

(Answers appear at the end of this lesson)

1   Airchie taaks 'e bussie doon 'e toon. Ailick his a caarie o his
    ain. Faa get's doon 'e toon quicker?

2   Airchie's a singel maan. He gings his messages on a Setturday.
    Ailick's a mairriet maan. He gings tae the fitbaa on a Setturday.
    Fit dis Ailick's wife dee on a Setturday?

3   Airchie works in a shoppie an bides in a hoose abeen 'e shop.
    Ailick works in 'e Toon Hoose, so he bides in a cooncil hoose.
    Faa peys mair Cooncil Tax?

4   Airchie jist his th' ootside laavie. He's wytin for a conversion.
    Ailick his an inside laavie. He's wytin or his aalest loon comes
    oot. Faa spens mair time in 'e laavie?

5   Airchie gings tae kirk ivry Sunday. Ailick nivver gings tae kirk.
    He's in need o a conversion tee. Fit wid it taak tae get Ailick
    intae kirk?

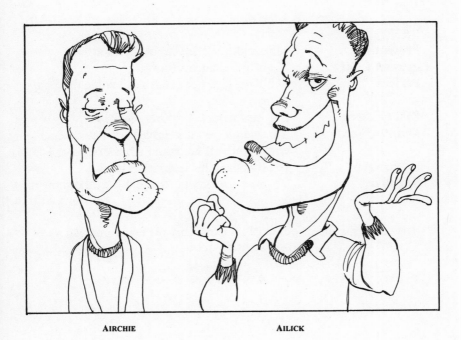

AIRCHIE   **AILICK**

Irregular Verbs

Tae taak:

Present	Willie taaks quines oot duncin whiles.
Present Cont.	He's taakin Jeannie duncin iv now.
Perfect	He's teen her duncin ivry nicht es wik.
Past Historic	He took* her to the Beach Baalroom las necht.
Past Conditional	He wid hiv teen her hame, if she hidna gaen aff wi anither bloke.
Past Believing	He didna taak the hint.

* 'teen' is heard but not recommended.

33

Tae gie:

Present	Mina gies a lot tae charity, ye ken.
Present Cont.	She's aye giein stuff awa.
Perfect	She's jist gien her maan's jaiket tae the Sally Army.
Past Historic	She gied them his troosers las wik.
Future Cond.	She wid gie ye the claes aff her baak, Mina wid. (Well, aff her maan's baak onywye.)
Imperative	Gie him baak his troosers, Mina!
Negative	Ye dinna gie him muckle o a life athoot them.

NB   Students should now commit to memory the list of irregular verbs in Appendix 1.

Exercise 4
Insert the appropriate tense:

Use *'gie'*

Oor Bob ___ your Bob a bob. An if your Bob disna ___ oor Bob back the bob aat oor Bob ___ your Bob, oor Bob ___ ___ your Bob a bob on the nose.

Use *'taak'*

Dinna ___ onybody in the necht. Grunnie ___ ___ her teeth oot!

Idioms

Fit's aat got tae dee wi the price o eggs in 'e Green?
What's that got to do with anything?

Fit a name tae ging tae kirk wi!
What a peculiar name!

I dinna come fae Torry onywye
There's always someone worse off than yourself.

To a Mountin' Daisy Bill

Wee, modest, crimson-tippit floo'r,
Ye've lived tae see an evil hoor.
Nae langer, little daisy, are ye mine.
Bit flooers come an flooers go;
An faith, ye're nae the ferst, ye know.
Hud on a mintie, ee'd be nummer nine.

The ferst een wis a bonny bloom:
Atween ma finger an ma thoomb,
I heelt it saaf an siccar; it wis graan.
Syne, hud yir wheesht, a loonie stole't;
An, naething mair adee bit thole't,
The Cooncil stuck anither in ma haan.

A student cratur hid the chik
Tae borra een for Gala Wik.
He took the heid an left me wi the staak.
Gin he wis here, I'd skelp his dowp:
He selt ma flooer at a roup;
An, damn the bit, I nivver got it baak.

35

Robert Burns' statue, Union Terrace, Aberdeen

The sicond warld holocaust
Gart three or fower mair get lost.
(Dyod, wisna yon an affa like minneer?)
It wisna boombs aat caa'd them doon.
We'd Yankie billies in the toon;
An ivry floo'r wis noo a souvenir.

An sae it's been aat ilka een
Somewye or ither his been teen.
A peer reflection on oor fellow men.
Ye'd winner wad it aye wark lowse
Gin in ma haan I heelt yon 'Mouse'. . .
Bit, losh preserve us, here comes nummer ten!

Gin ee should syne be stolen tee,
It winna maak nae odds tae me:
An, nae offence, of coorse, tae you an yours,
Bit, still an on, for lang I've felt
It's time the honest truth wis telt:
I nivver could thole artifeeshal floo'rs.

William Woolworth

hoor hour; *roup* auction sale; *mintie* minute; *gaar* to cause;
thoomb thumb; *minneer* a todo; *saaf* safe; *billy* man; *siccar* sure;
peer poor; *thole* endure; *winner* wonder; *cratur* creature; *lowse*
loose; *chik* cheek; *gin* if; *skelp* smack; *losh* Lord; *dowp* bottom;
nae odds no difference; *hud yir wheesht* hold your tongue

Answer in English

1 Is the speaker a horticulturalist?
2 Why has he lost so many of his flowers?
3 Why does he consider vermin control as an
   alternative occupation?

Answer in Doric

4 Fit wye's es chiel spikkin till a flooer?
5 Fit wye's 'e flooer nae there?
6 Is 'e chiel himsel aa there?

Answers to Exercise 3
  1: Their pal, Andy. He waalks. 2: Her nut. 3: Airchie. Ailick's forgotten aa
aboot it. 4: Ailick. Airchie's tint the key. 5: A widden kist

LESSON 6: SKWEEL

1 skweel/schol*
2 playgrun
3 heidie
4 jaanie

5 kypie
6 bools
7 ropies
8 beddies

* 'skweel' in rural areas only

ale soft drink; *piece* portable snack; *barleys-on* truce; *pooch* pocket; *greet* cry, weep; *bubbly-bairn* cry-baby; *sappy sodjers* ball game; *chyser* team-chooser; *scud* tawse, belt; *clype* tell tale; *scoof* a swig; *coord(ie)* coward; *skycie* unsporting; *dell* base in games; *stot* bounce; *(fit)baa* (foot)ball; *tik an taak* game of tag; *funnin* doing in fun; *gie intae trouble* scold; *a heapie-on* playground game; *jine-on* another game; *leavie-oh* chasing game; *lundies* double ropes; *pye* selection game.

Exercise 1
Translate into English

1   The heidie rings 'e jaanie; an 'e jaanie rings 'e bell.
2   Loons play fitbaa an bools. Quines play ropies an beddies an stot their baas. Aabody plays tik an taak.
3   Yon bairns are sayin a pye, tae see faa 'the maanie' is.
4   The skweel his a playgrun full o kypies. The loon his a pooch full o bools.
5   A heapie-on is fin somebody faas ower an aabody else faas on top.
6   Jine-on's like tik an taak; bit ye jine haans fin ye're touched an rin tae touch aabody else, or ye're aa in a lang line.

39

7   'Barleys-on' is fin ye wint the game tae stop for a mintie athoot bein 'oot'.

8   Willie gied his sester his piece, so's she widna clype on him.

9   If his mither hid kint fit he hid deen, she wid hae gien him intae trouble.

10   Jockie didna greet fin he got the scud*. Nae like yon bubbly-bairn Jamesie, though Jamesie said he wis only maakin on.

    * This reference is historical, European Court please note.

A heapie-on

Exercise 2
Commit the following pyes to memory

Eenerty feenerty ficherty feg
Ell dell dominic egg
Urgie burgie stoory rock
Ann tan toozy Jock. You're oot!
ꝏ
Eentie teentie titherie mitherie
Bamber souter over Dover
Amp stamp stiddle stamp
Arrive–, arrove–, arr– oot!
ꝏ
Eetle ottle black bottle,
Eetle ottle oot!
If ye wint a piece an jam
Please step oot.
ꝏ
Ippity sippity ippity sap
Ippity sippity Kinellar K–nap
Kinellar up, Kinellar doon,
Kinellar roon aboot the toon.
ꝏ
Eeny meeny macaraca,
A I dominaca
Chicaracarom
Tom
Thumb.
ꝏ
Each peach peer plum
Oot goes my chum.
My chum's not well;
Oot goes mysel.

(There are variations on most rhymes of this kind)

Miscellaneous Children's Rhymes

Mr Alexander
Fell doon a brander.
Heid ferst, tail last
Mr Alexander.

&

Snaa maanie, snaa maanie,
Ding doon snaa.
Ding doon a hunder
An I'll catch it aa. (Sung)

&

Neevie neevie knick knack,
Which haan will ye taak
Taak een, taak twaa,
Taak the best amang ye aa.

&

One, two, three o'leerie,
I spy Bella Pirie (*pron.* peerie)
Sittin on a bumbeleerie, (basket cheerie)
Eatin chocolate babies. (early in the mornin.)

&

Stecks an steens'll braak ma beens
Bit names'll nivver blaad me (hurt me).
An fin I'm deid an in ma grave,
Ye'll be sorry for fit ye caad me.

(More rhymes in Appendix 2)

Taunts

Awaa an flee up!
Awaa an taak a rinnin jump!
Awaa an chase yirsel!
Awaa an bile yir heid!
Awaa ye clype/feel/feartie/neep!
Awaa ye baaket scraaner!
Coordie, coordie, custard
Aa made o mustard!

Useful phrases

Gie's a showdie on 'e swing!
Push me to and fro on the swing!

Nae teetin (keekin)!
No peeping!

Gie's a scoof o yir ale!
May I sample your aerated water?

Dinna be skycie!
Don't be unsporting!

It's my shottie!
It's my turn!

Dinna greet, or I'll gie ye something tae greet aboot.
Don't cry or I'll give you cause to.

Idioms

You'll get it!
You'll be punished!

I'm nae gettin!
I'm not being allowed to

Tae get a lickin
To be punished.

Look Faa's Here

Well, well, well,
Look faa's here!
Foo's yirsel?
Fine, m'dear.

Es your lad?
What a size!
Like his dad;
Got his eyes!

Ay, he's mine.
Foo's yir maan?
Keepin fine?
Aat's jist graan.

Mine an aa.
Can't complain.
Nae avaa.
'S aat 'e rain?

Maybe snaa.
Wintry kin!
I'll awaa.
Mither fine?

Aye the same;
Tyaavin on;
Nae her blame;
Tragic yon!

Mercy me!
Hiv tae go!
Time for tea!
Cheerio!

Wave yir haan!
Cheerie bye!
Aat's a maan!
Hiv tae fly!

Drap a line!
Affa wither!
Nivver min'
'Joyed wir blether.

Hiv tae go!
Lovely chat!
Cheerio!
Faa wis aat?

Wally de la Mair.

Answer in English

1 What does the poet say about prevailing weather conditions?
2 What is the degree of intimacy between the speaker and her acquaintance?
3 Is there an undue preoccupation with health matters in the poem.

Answer in Doric

4 Fit wye's the wumman needn awaa?
5 Fit's wrang wi the ither wifie's mither?
6 If her loon's got his da's een, faa's got his glesses?

LESSON 7: 'E FAIRM

1	fairmer	7	neep
2	orra loon	8	chuckneys
3	fulpie	9	henhoose
4	coo	10	fairmhoose
5	park	11	deuks
6	yowe		

yoke start work; *ailin* sick; *affa* awful(ly); *chaa* chew; *clout* strike; *crubbit* ill-tempered; *fleg* frighten, fright; *lowse* finish work; *meal an ale* social evening; *seen* soon; *soo* sow; *fup* whip (*v* and *n*);

Some of the vocabulary in this lesson (e.g. *fulpie*, *park* and *fup*) is heard only in country speech.

Exercise 1
Translate into English

Yon chiel's a fairmer. Ay, is he. 'E fairmer's coo is in 'e park. 'E yowe is chaain a neep. 'E chuckneys are ootside 'e henhoose. 'E deuks are in 'e fairmhoose. 'E fulpie his fleggit 'e deuks. Th'orra loon his fuppit 'e fulpie. 'E fairmer his cloutit th'orra loon.

Exercise 2
Answer in Doric

1 Faar's 'e coo?   2 Fit's 'e yowe deein?
3 Faar are 'e chuckneys?   4 Faar are 'e deuks?
5 Fit, in 'e name o creation, are 'e deuks deein in 'e fairmhoose?
6 Faa fuppit 'e fulpie?

Farm Personnel in Former Times

grieve farm manager
horseman (1st, 2nd etc)
halflin farm- or stable- boy
kitchie deem kitchen maid

baillie farm steward or cattleman;
cattlie cattleman;
orra man farm labourer, odd job man
orra loon odd job boy;

Farm Servant Accommodation in Former Times

bothy: for eating and sleeping (N Angus and Mearns)
chaumer : sleeping only (N Kincardineshire and Aberdeenshire)

✧.✧.✧.✧.✧.✧.✧.✧.✧.✧.✧.✧.✧.✧.

Exercise 3
Translate into Doric

1 The kitchen maid was in the kitchen making the brose.
2 The cattleman ('Geordie' actually) was cleaning ('muckin') out the cowshed ('byre').
3 The stable-boy was in the stable (as in English), with fodder ('fodd'rin') for the stallion ('staig').
4 The horseman was in the chamber, writing ('vritin') what would have been a bothy ballad, if only he lived in a bothy.
5 The farmer was in the farmhouse, counting all his money ('siller').

Progeny

caat	kitlins	yowe	lambies
dog	fulpies	hen	chuckneys
meer	foalies	bubblyjock	mair bubblyjocks
coo	caafies	orra maan	orra loons

Aye; Some; Gettin; Fair; Fairly

The word **aye** usually means 'always' but sometimes means 'still'.
  e.g. *Is yir maan aye workin?*

As well as conveying the sense of the English word, **some** in Doric
  means 'rather'. e.g. *It's some caal the day.*

Gettin, in the sense of 'becoming', is sometimes transferred to the end
  of the phrase. e.g. *She's affa crubbit gettin.*

Fair is a word of emphasis, meaning 'very', 'very much', or
  'completely'. e.g. *She wis fair delightit.*

Fairly, or **fairly aat**, is a term of consent or agreement. **Jist**, and **jist
  aat**, are also terms of agreement.

Exercise 4
How would you say in Doric?

1 It's growing awfully dark.
2 We're rather old for that.
3 Do you still have a headache? (*use* 'sair heid')
4 I'm completely exhausted. (*use* 'waabit')
5 Isn't it a lovely day? (*use* 'bonnie') Certainly.

The inversion of the sentence after **ay** meaning 'yes' is a feature of
country speech, as in the phrase *'Ay, is he.'*

Answer the following questions in the affirmative:

Exercise 5
Answer in Doric

1 Is Ackie yokit yet?
2 Wid it be onywey near lowsin time?
3 Is Ackie feel tae be yokin at lowsin time?
4 Did Chrissie caa ower the melk cog?
5 Wis 'e melk aa skailt?
6 Did Chrissie fair get her character fae the fairmer's wife?

7 Wis Leebie at 'e meal an ale?*

8 Did she fair enjoy hersel?

* Although it has been drawn to our attention that Leebie never attends the meal an ale, please answer in the affirmative for the sake of this exercise.

Exercise 6
Using the following vocabulary, fill in the blanks

blaad	soil or spoil	*connach*	destroy, spoil
jaloose	guess	*mishanter*	mishap
minneer	a todo	*peenie*	pinny
fushionless	lacking in vigour		

(All the verbs are regular)

1 Teenie his ___ her peenie.

2 Geordie his ___ 'e tractor ingine.

3 Fit a ___ , fin 'e fulpie got intae 'e henhoose.

4 It's been ae ___ aifter anither on 'e roads since 'e baad wither stairted.

5 Beenie couldna dee her work, she wis feelin aat ___ .

6 'E fairmer seen ___ aat 'e coo wis ailin.

Idioms

He's aye like the coo's tail
    He always comes last.

Sic maanie, sic horsie
    Intimacy or kinship breeds imitation.

She his nae mair feet nor a hen.
    She's feckless.

A coo's lick
    A wave over the forehead.

Like a doggie wi twaa tails.
Elated.

Like a coo lookin ower a dyke.
Looking foolish.

Like a hen on a het girdle.
In a state of excitement.

In twaa shaaks o a (deid) lamb's tail.
Presently. (Perhaps a little longer)

'Ere's nae accoontin for tastes, as the maanie said fin he kissed the coo. (Self-explanatory saying)

❖.❖.❖.❖.❖.❖.❖.❖.❖.❖.❖.❖.❖.❖.

Prose Extract: for translation and oral practice
(From 'Letters fae Ma Shoppie' by Alphonse Doddie)

The General Store
Auchendreich

Dear Norrie,

I hid nae seener postit yir letter las wik nor I mynt ye'd been askin aa aboot Auchendreich an faaraboot it is. Yir wife hid been speirin; an you couldna fyn it on aat inferior Australian map o yours. Noo, there's maybe some excuse for Loretta, bein a foreigner an nae kennin ony better, bit I wad hae thocht that *you* wad ken faar Auchendreich wis, haein spint mony a wik-en in't, fin ye were young.

Wattie (that's my aal fadder that bides wi's) wis laachin aboot you kennin we were 35 mile oot o Aiberdeen bit nae mynin in fut direction. Bit richt anough, it wis likely aye dark ony time ye caaght 'e blue bus at Mealmarket Street on a Freyday necht; an drivin oot tae the countra in 'e poorin rain, ye could hae been in 'e Belgian Congo for aa ye saa oot o the windae. You tell Loretta that Auchendreich is half a mile aff 'e main road tae Hatton o Pitwarsle an jist ower 'e hull fae Tullybowie; an aat'll lat her ken.

I'm enclosin a postcaird o the village, aat's been hingin aboot 'e shop since gweed kens faan. Lang syne, we hid een o thon furly staans wi views on't; but some gomeril furlt it ower fest an it gaed fleein aff 'e coonter eence an for aa. We dinna really keep postcairds noo, wi there bein nae muckle demand for them; an we'd tae turn 'e place heelster-gowdie tae fyn es een. Annie'd been rypin an rakin aawye wi nae success, fin faa cam in bit 'e maan fae the Wechts an Mizzures that cam oot fae Aiberdeen tae inspec 'e bacon slicer. The palaver he hid, ye'd hae thocht it wis 'e Gordon Highlanders he wis inspectin. Nivver myn. Fin he cairtit 'e slicer alang 'e coonter, fut cam flaffrin tae the fleer bit a half a dizzen o views o Auchendreich that een o's hid stappit in ablo, tae hud it fae shooglin. Noo, the maist of the cairds were connacht aathegither; an your een, though it *is* the best o them, I doot's gey hingin-luggit lookin. Even 'e maan fae the Wechts an Mizzures telt us tae sell't seen ere we lost bi't.

Bi the by, aat wis Muggie Oliphant in for her day's supply o sweeties. Fut a guzzler. Nae muckle winner she's like the side o a hoose. Bit a fine quine for aa that an askin aa aboot ye, fin I said I wis writin.

Faar were we noo? Oh aye, 'e postcaird. As ye'll see, it's "War Memorial and Parish Church, Auchendreich". 'E shop's there tee, though it disna say so; an I've markit it wi á bit cross, so's Loretta will ken faar we are. Thon muckle hole in 'e wast waa o the kirk shouldna be there, of coorse; an 'e spire's a thochtie wrunkelt. Still an on, it's a winner 'e biggin's tae be seen avaa, wi a bacon slicer on top o't since gweed kens faan.

Wattie says, wi a bit missin fae the kirk like yon, smaa winner 'e congregation are aye sae caal. Little he kens aboot it. He hisna been ower 'e door since Stewie Jamieson's beerial. He says he disna like 'e nyow minister, though fut's nyow aboot Mr Clegg aifter thirteen year, ye'd need tae get Wattie tae tell ye. It's nae his sermons onywye. Annie says she kens some o them aff bi hert. An wishes she could say the same for Mr Clegg.

I'm nae a reglar attender masel, though likely I'll be there on Sunday, bein Annie's wik o the flooers. Hivven aleen kens fut she'll pit in thon bress vases, for there's naething in 'e gairden bit a twaa-three daffies; an they're aat peelie wally, they wadna come tee, though ye'd fusky in 'e rooser.

Weel, that maun be hit. Aa the best fae me an Annie,

Yours sincerely
Sandy Souter

PS   Wad ye believe't? Anither postcaird his turnt up. Annie foun 'e
     Brig o Dreich in a perfec state of priservation in 'e tapioca draar.

Answer in English

1   Can you find Auchendreich on the map? What do you mean
    "No"?
2   How would you give a stranger directions to Auchendreich in
    the unlikely event of his wanting to go there?
3   Which blue bus did go the Belgian Congo?
4   Where was the Brig o Dreich and would it have fared better
    among the split peas?
5   Is whisky a sovereign remedy for wilting daffodils?

Answer in Doric

6   Foo fest should ye furl a furly staan in a built-up area?
7   Wid ye buy yir bacon fae a maanie wi a shoogly bacon slicer?
8   Think on three wyes tae connach a postcaird athoot usin a
     bacon slicer?
9   Dis Auchendreich need a nyow kirk or a nyow meenister? Gie
     rizzons.
10   Fit wye his Muggie Oliphant got sic a fatty-bannocks? Is it
     better tae be a skinnymalink?

Footnote
     It would be inappropriate to end this lesson on the farm without making
     mention of *sharn*. (See Glossary)

LESSON 8: BODY, HEALTH AN CLAES

1	heid, napper, pow	15	hert
2	croon	16	oxter
3	broo	17	elbuck
4	lug	18	kyte, wyme
5	ee(n)	19	hurdie
6	neb, couter	20	dowp
7	mowser	21	thoomb
8	moo	22	haan
9	chik	23	crannie
10	thrapple	24	shank
11	shooder	25	queet
12	neive	26	fit
13	breist	27	tae
14	airm		

NB 'Finger', in Doric, rhymes with 'singer' rather than 'linger'

Exercise 1
Translate into English

Aabody his a heid. Some fowk hiv big heids. They are big-heidit or swaal-heidit. Somebody wi a good heid on them is heid an shooders abeen the rest. Aabody his a hert; bit it's nae aabody that's gweed-hertit. Aabody his a wyme or kyte. Fit ye've aeten gings intae yir wyme. Eat ower muckle an ye get a sair wyme. Ye hud wi yir haans, ye cairry in yir airms, ye waalk on yir shanks, ye kick wi yir fit an ye set on yir dowp.

Exercise 2

1 Fit pairt o the body div ye learn tae coont on?
2 Fit pairt div bairns sook?
3 Fit div ye pit up for fechtin?
4 Fit is it coorse tae pynt?
5 Fit div perjink fowk heist fin they tak a cuppie tea?
6 Fit div ye weet fin ye've a drouth?
7 Fit is it coorse tae pit on the taible?
8 Fit gets skelpit, fin a bairn's ill-trickit?

pairt part; *coont* count; *sook* suck; *fecht* fight; *coorse* coarse; *pynt* point; *perjink*: prim; *drouth* thirst; *ill-trickit* naughty.

Physical Characteristics

baaldie-heidit	bald-headed	*gley-eed*	cross-eyed
lang-nebbit	long-nosed	*soor-faced*	sour-faced
bandy-leggit	bandy-legged	*splay-fittit*	turned-out toes
pirn-taed	turned-in toes	*shilpit*	puny
strappin	well-built	*ill-faurt*	ugly
smaa-boukit	of slight build	*bonnie*	pretty
dwaible, dweeble	weak	*strang*	strong
peelie-wally	sickly	*swaak*	agile
roon-shoodert	round-shouldered		
humphie-baakit	especially round-shouldered		

Character, Behaviour and Disposition

blate	bashful	*hallyrackit*	boistrous	*trig*	tidy
ill-naturt	ill-natured	*pernickety*	fastidious	*grippy*	mean
girny	querulous	*sweir*	reluctant	*feel*	foolish
thraan	stubborn	*doon at the moo*	glum		
forfochen	exhausted	*hingin-luggit*	despondent;		
fushionless	lacking vigour;	*hoose-prood*	house-proud;		
ill-farrant	bad-mannered;	*in an ill teen*	in a bad mood;		
fraisie	given to flattery				

Human Types

an aal wife	an emasculated man
a besom	term of mild abuse for a woman
a blaa	a boastful person
a bladderskite	a foolish talker
a bidie-in	a cohabitee
a claik	a gossip
a clip	a pert young woman
a din-raiser	a trouble maker
a feel	a fool
a gowk	a foolish person
a gype	another foolish person
a heid bummer	someone in authority
a hungry Ungus (Angus)	a mean person
a lang drink o waater	tall person
a limmer	a disreputable woman
a moocher	a scrounger
a nickum:	a young rascal
a pain in the peenie	a tiresome person
a skinnymalink	thin person
a styoomer	a daft person
a sumph	an inadequate person
a swick	cheat
a vratch	wretch
a waallie-draigle	slattern, vagrant.

❖.❖.❖.❖.❖.❖.❖.❖.❖.❖.❖.❖.❖.

Exercise 3
Using the foregoing vocabulary, describe:

a) your church elder
b) a (former) teacher
c) your local councillor.

e.g. *Ma local cooncillor is a baldie-heidit gype*
Ma history teacher is a bandy-leggit styoomer.

57

Health

Brief Encoonter
(Translate and read aloud for oral practice)

1st Chiel: Ye werena at hame, fin I cam roon las nicht.

2nd Chiel: Na, I hid tae ging tae the doctor's wi a . . . wi a . . .

1st Chiel: A sair belly? A sair heid?

2nd Chiel: Na.

1st Chiel: Wi a hoast? Hid ye kink hoast?

2nd Chiel: Na, na. It was wi a . . .

1st Chiel: Wi a byle? A plook? A futlie beelin?

2nd Chiel: Na, na, na.

1st Chiel: Wi a caal? Were ye smor'n wi the caal?

2nd Chiel: Na I wisna. It was wi a . . . wi a . . . Ye ken.

1st Chiel: A stobbit tae? A yarkit queet? A barkit knee? A bleedie couter? Na? Fit *did* ye ging wi, than?

2nd Chiel: I gaed wi a pal o ma brither's. He wisna feelin affa weel.

1st Chiel: Oh aye, an fit did the doctor gie him?

2nd Chiel: He gied him a . . . Och, ye ken.

1st Chiel: A pooder?

2nd Chiel: Na.

1st Chiel: A peel?

2nd Chiel: Na, na.

1st Chiel: A plaister?

2nd Chiel: Na, na, na. He gied him a . . . a fit-dae-ye-caa't.

1st Chiel: Weel, if it wisna a pooder, a peel or a plaister, it must hae been a poultice. Is aat fit he gied him?

2nd Chiel: Na, he gied him a . . . a suppository; an for aa the good it did him fin he swaalliet it, he micht as weel hae stuck it up his . . .

1st Chiel: Up his jumper?

2nd Chiel: Richt anough!

(kink) hoast: (whooping) cough; *byle* boil; *plook* pimple; *futlie beelin* whitlow; *stob* stub; *bark* skin; *bleedie couter* bleeding nose; *pooder* powder; *peel* pill; *plaister* plaster; *swaally* swallow *tae be smor'n/smoor'n (smothering) wi the caal* to have a heavy cold

Answer in Doric

1. Faan wis 'e las time ye were aff nae weel?
2. Is yir doctor a peel-man or a pooder-man?
3. Faan did ye las get plaistert?
4. Fit wye div ye stop a bleedy couter?
5. Fit if ye hinna *got* a caal key?
6. Fit's 'e festest wye tae get a sair belly?
7. Fit's the difference atween a byle an a plook? An fit's aat on yir neb?
8. Can a boddie wi the jundies (jaundice) gie ye the smit (infect you)?

Exercise 4

Write a short essay in Doric about your last illness or operation. Describe the development of the illness: the throbbing ('stoondin') pain you suffered and your inability to keep food down (*use* 'kowk'). Tell of the doctor's incorrect diagnosis (*use* 'dunderheid') and of the inadequacy of the specialist (*use* 'raivelt'). The story of your hospitalisation may include an account of all you had to endure ('thole') when friends and relations visited in teams of ten (*use* 'hale jingbang'). Give details too of your recovery, despite ('for aa') the best efforts of the nursing staff to keep you from sleep (*use* 'baalin an scraichin at een anither at aa hoors o the day an necht').

Clothes

teers	tears, holes	*semmit*	undervest	*draars*	drawers
pit on	put on	*jaiket*	jacket	*kwyte*	coat
hunkie	handkerchief	*sheen*	shoes	*lacers*	shoelaces
nechtgoon	nightgown	*taak aff*	take off	*claes*	clothes
briks/troosers	trousers	*tae weer*	to wear	*tirr*	undress

Exercise 5
Translate into English

1 Dites* Munro got his sark fool playin fitbaa.
2 Dites' mither waasht his fool sark.
3 Dites pit on the clean sark nex mornin.
4 Dites fylt his clean sark wi ile, cleanin a caar.
5 Dites' mither took doon his briks an skelpit his dowp.
6 Should es happen till a maan o forty-five?
   *a derivative of David

Exercise 6
Translate into Doric

1 Take off your coat and make yourself at home.
2 Those are very old-fashioned shoes that woman is wearing.
3 What a smart fellow (*use* 'swell') Sammy looked in his Marks
   and Spencer's (*use* 'Marks an Spincer's') jacket.
4 Georgie's vest matches his underpants. They're both full of
   holes.
5 Agnes (*use* 'Uggie') told Margaret (*use* 'Muggie') her shoe-lace
   was untied (*use* 'lowse').
6 Benjie was half-undressed one day and couldn't remember (*use*
   'mynd') whether he was putting on his clothes to go out or
   taking them off to go to bed. So he put them on and put his
   night gown on on top ('ower the top').

60

Idioms

As thick in the heid as dirt in a bottle
Lacking intelligence

He jist opens his moo an lets his belly rummle
He talks nonsense.

She'd nivver sen ye awaa wi a sair hert
She would never deliberately upset you

She nivver said 'Hiv ye a moo?'
She didn't share her goodies

Aa her taste's in her moo
She has no taste

There's naething in his heid bit beasties
He's a dimwit

A secht for sair een
A welcome sight

Tae be aa thoombs
To be handless

She spiks wi a bool in her moo
Her speech is over-refined

She'd speir the briks aff ye
She's a trifle nosey

Faan's she better
When is her baby due?

It's gweed for fit ails ye; an if naething ails ye, it's a sure cure
It's a sovereign remedy

His face wis trippin him
He was looking glum

The Slippy Steen

Teresa Tait wis nivver blate;
She focht for aa she wintit.
She laid a plan an traapt a maan;
An thocht hersel contintit.
There's aye a muckle slippy steen
At ilka boddie's door:
An she curst the peer wecht
On their honeymoon necht,
Fin she couldna get slep for his snore,
His snore.
She couldna get slep for his snore.

That Ackie Coull's jist won the pools
His wife, Angina's boastin.
She's laashin oot on rainbow troot.
Gweed kens fit aa yon's costin!
There's aye a muckle slippy steen
At ilka boddie's door:
Aifter aa that she's boastit,
The coupon's nae postit.
They're twice as hard-up as afore,
Afore.
They're twice as hard-up as afore.

Fin Willie Broon gaed intae toon
Tae try the disco duncin,
He foun a quine he likit fine;
An spint the hoors romuncin.
There's aye a muckle slippy steen
At ilka boddie's door:
For fin one o'clock came
Wullie Broon waalkit hame
Wi a laasie that bade in Kintore,
Kintore.
A laasie that bade in Kintore.

Alfie, Lord Hen'erson

62

Answer in English

1 To what extent was Teresa Tait the author of her own misfortune?
2 Was Angina morally justified in anticipating her good fortune?
3 Is there a 'slippy steen' in *your* life?

Answer in Doric

4 Fit scunners ye aboot yir ain maan/wife/laad/laas?
5 Foo much is rainbow troot faar you bide?
6 Foo far should a chiel ging wi a quine aifter a dunce?

TEST

Answer **all** questions in Doric.

1 Complete the following phrases from the list of prepositions given.
   a) ___ the bed; ___ the road; ___ a doot; ___ the stair; ___ wirsels; lang ___ 12 o'clock.
   b) If I dinna see ye ___ the wik, I'll see ye ___ the windae.
   c) ___ an ___ the rugged rocks, the raggit rascal ran.   **(10 pts)**

2 How might the weatherman persuade you to go to the theatre?

3 From the list of irregular verbs (nae teetin!), give the Past Historic tense of 'bide', 'bring' and 'staan' and the Perfect tense of 'maak', 'taak' and 'greet'.

4 Will ootside laavies ever come back in?

5 How do you say   a) Keep calm;
                   b) I got over-excited.   **(2 pts)**

6 How in words do you say 100,000?

7 Recite one of the listed pyes.

8 Recite another of the listed rhymes.

9 How would you say   a) Don't be unsporting;
                     b) His mother scolded him.   **(2 pts)**

10 Translate   a) He's becoming an old scrounger;
               b) He's one of those in authority at the Co-operative
                  Society.   **(2 pts)**

NB Unless otherwise indicated, score one point per question for a total of 24. As Q4 is of a speculative nature, one point may be awarded for any thought-provoking answer given. Anyone scoring less than 10 in this test may wish to consider learning Gaelic instead.
Answers in Appendix 4.

IRREGULAR VERBS

	Infinitive	Past Historic	Perfect
be	to be	wis	hiv been
bide	to stay	bade	hiv bade/bidden
buy	to buy	bocht	hiv bocht
braak	to break	broke	hiv broken
bring	to bring	brocht	hiv brocht
dee	to do	did	hiv deen
eat	to eat	aet	hiv aeten
fecht	to fight	focht	hiv focht
fyn	to find	fan	hiv fun
gie	to give	gied	hiv gien
ging	to go	gaed (*pron*.gid)	hiv gaen (*pron*.gin)
gyang	to go	gaed (*pron*.gid)	hiv gaen (*pron*.gin)
greet	to weep	graat	hiv grutten
hiv	to have	hid	hiv haen
hud	to hold	heeld	hiv heeld/hudden
maak	to make	made	hiv made
pit	to put	pit/paat	hiv pitten/putten
rin	to run	raan	hiv run
see	to see	saa	hiv seen
set	to sit	saat	hiv sutten
sik	to seek	socht	hiv socht
spik	to speak	spaak	hiv spoken
staan	to stand	steed	hiv stood/steed
sweem	to swim	swaam (also reg.)	hiv swum
swyte	to sweat	swaat	hiv swutten
taak	to take	took	hiv teen
think	to think	thocht	hiv thocht
tine	to lose	tint	hiv tint

ADDITIONAL RHYMES

The first two rhymes were recited at table to see who would be served first. Could this be the origin of the term 'pye'?

> Bake a pudden, bake a pie;
> Send it up to Jock McKay.
> Jock McKay's nae in;
> Send it up tae the maan in the meen.
> The maan in the meen is shewin sheen;
> A penny the pair, they're aa deen.
>
> ❧
>
> Mr Munday, how's yir wife?
> She's very sick an like to die.
> Can she eat ony meat?
> Yes, mair than I can buy.
> Half a bull, half a coo,
> Three quarters o a soo.
> She maaks her porridge very thin;
> A pound o butter she pits in.
> Black pudden, white troot,
> I choose you oot!
>
> ❧
>
> Eenty beenty hirdy birdy
> Pumple ootry scootery dock
> Dib dab play on his wee ree
> Pee po pie pudden pipe.
>
> ❧
>
> Eenie meenie minie mo,
> Set the baby on the po.
> When it's done, wipe its bum
> An throw the paper up the lum.

❧

I think, I think, I smell a stink;
I dinna think it's you.
Open the door tae let it oot;
It's Y.O.U.

More Children's Rhymes

Chin cherry, moo merry,
Nose nappy, ee winkie,
Broo blinkie
An ower the hill tae stinkie.

ᛤ

Knock at the doorie   (Tap baby's forehead)
Keek in   (Touch eyelids)
Lift the sneck   (Touch baby's nose)
An waalk in.   (Pop finger in mouth)

ᛤ

Hokey pokey penny the lump;
That's the stuff tae maak ye jump.
When ye jump, ye're sure tae faa.
Hokey pokey that's it aa.

ᛤ

Hockie Pockie's comin roon,
Wi a basket on his croon.
Mither, gie's a bonnie bawbee
Tae buy some hockie pockie wi.

ᛤ

Matthew Mark Luke John
Hud the cuddy or I get on.
Hud him siccar, hud him sair;
Hud him by the heid o the hair.

ᛤ

Tell tale tit,
Your tongue will be split;
An aa the birdies in the warl
Will get a little bit.

⁓

My mither an your mither
Were hingin oot some clothes.
My mither gied your mither
A dunt on the nose.
Fit colour wis her blood?

⁓

Rainy, rainy rattle steenies
Dinna rain on me.
Rain on Johnny Groat's hoose
Far across the sea.

⁓

Three wee tatties in a pot;
Taak een oot an see if it's hot.
If it's hot, cut its throat;
Three wee tatties in a pot.

⁓

The morn's the Timmer Mairket;
We'll aa be dressed in blue.
A reid ribbon in wir hair;
A sweetie in wir moo.

⁓

Come up an see ma garretie
Come up an see it noo.
Come up an see ma garretie
It's aa furnished noo.
A cheer athoot a boddam,
A steel athoot a leg;
A humphie-baakit dresser
An an aal iron bed.

⁓

Skinnymalinky langlegs,
Umberella feet
Went tae the pictures
An fell through the seat.
When the picture started
Skinnymalinky - - - - - -
Skinnymalinky langlegs,
Umberella feet.

ᶜᵇ

I made ye look
I made ye poop
I made ye intae tattie soup.

ᶜᵇ

Donnie's in a ragie
Put him in a cagie
An taak him tae the wild beast show.

Footnote: Any reader offended by the rudeness of some of these rhymes should have their appendix removed.

ADDITIONAL IDIOMS

Ye'll get nae cuttins fae him
  He's unlikely to oblige you.

She's fair gaan her dinger, yon een
  She's showing signs of extravagant behaviour.

Pit it faar the wifie pit her butter
  Put it where you will.

He's nae wyce
  He's crazy.

Naething patent
  Nothing special.

Fine day!
  I don't believe a word of it.

Sair's ma traachle since ma ferst maan deet
  I'm struggling.

He's needn aa his time; He's a bittie the worse for weer
  He's under the 'affluence of incohol'.

He taaks a bucket
  He drinks a good deal.

I changed ma myn an bocht a scone
  I changed my mind.

I'm nae sae green as I'm cubbage-lookin
  I'm not so daft as I look.

SAYINGS

Wis ye bidden speir? Well, I wis bidden nae tell ye
  Mind your own business.

I jist noddit ma heid. Aat's aa I said
  I said nothing

It must hae been a lee
    (On forgetting what you want to say)

Peety for you in yir short shirt
    (An expression of mock sympathy)

PROVERBS

Baiter an aal maan's darlin nor a young maan's feel.

It's nae loss fit a freen gets.

There's aye waater faar the stirkie droons.

There's aye a muckle slippy steen at ilka boddie's door.

Contentit wi little, canty wi mair.

The mair hurry, the less speed, as the tyler said till his great lang
    threid.

Fit's for ye winna ging by ye.

Taak awaa Aiberdeen an twaal mile roon an fit hiv ye?

Fit's naitral's nae naisty.

Aal age disna come itsel.

TEST ANSWERS

1   **a)** *abeen/ablo* the bed;   *alang/doon* the road;   *athoot* a doot; *doon* the stair;   *atween* wirsels;   lang *afore/aifter/or* 12 o'clock.
    b) If I dinna see ye *through/throwe* the wik, I'll see ye *through/throwe* the windae.
    c) *Roon* an *roon* the rugged rocks...

2   Bi forecastin threatnin wither.

3   Bade; brocht; steed; hiv made; hiv teen; hiv grutten.

4   Es is a maitter o opinion.

5   **a)** Dinna get yir dander up   **b)** I jist aboot hid a jamaica.

6   A hunder (hunner) thoosan.

7   See list of pyes.

8   See list of miscellaneous rhymes.

9   **a)** Dinna be skycie.   **b)** His mither gied him intae trouble.

10   **a)** He's an aal moocher gettin   **b)** He's een o the heid-bummers at the Co-opie.

GLOSSARY

aa	all	been	bone
aabody	everyone	beerial	funeral
aal	old	besom	brush, woman
aat	that	bidie-in	cohabitee
aathing	everything	biggin	building
aawye	everywhere	billie	fellow
abeen	above	blaa	boast(er)
ablo	below	blaaderskite	blether
ae	one	blate	bashful
aff	off	bleedie couter	nosebleed
affa	awfully	blin	blind
afore	before	bools	marbles
aifter	after	brae	slope
airm(cheer)	arm(chair)	brakfast	breakfast
alang	along	brander	gutter drain
ale	soft drink	breist	breast
aleen	alone	briks	trousers
alivven	eleven	brither	brother
amang	among	broo	forehead
argy-bargy	argue	brose	dish of meal
aside	beside	bubbly-bairn	cry-baby
athoot	without	bubblyjock	turkey
atween	between	bussie	bus
avaa	at all	byle	boil
awaa	away	bylin	boiling
ay	yes	byordnar	extraordinary
aye	always, still	byre	cowshed
ayont	beyond	caa	drive
baa	ball	caafies	calves
baakie	back garden	caal	cold
baal	bawl	caar/caarie	car
baaldie-heidit	bald	caat	cat
baillie	farm steward	cadiz	fluff
bairn	baby, child	cattlie	cattleman
baiter	better	chaa	chew
bark	skin	chaap	knock, strike
boddom	bottom	cheer	chair
barleys-on	call for truce	cheps	chips
beddies	hopscotch	chiel	fellow

73

chik	cheek	dyod	euphemism for
chuckneys	chickens		'God'
chyser	team-picker	'e	the
claes/clyse	clothes	echt	eight
claik	tittle-tattle	ee(n)	eye(s)
clip	pert girl	ere	before
clooks	claws	elbuck	elbow
clout	strike	es	this
clype	tell tales	faa(s)	who(se)
connach	damage, destroy	faa	fall
coo	cow	faan	when
coont	count	faar	where
coord(ie)	coward	fadder	father (rural)
coorse	coarse	fae	from
couter	nose	faimly	family
craak	conversation	fair	very much
crannie	little finger	fairm(er)	farm(er)
cratur	creature	faither	father
croon	crown	fatty-bannocks	fat person
crubbit	ill-tempered	feart	afraid
da	father	fecht	fight
daffie	daffodil	feel	foolish
dainer/denner	dinner	fesh	fish
dee	do, die	ficher	fumble
deet	died	files	sometimes
deid	dead	fin	when
dell	base in game	firie	coal fire
deuk	duck	fit (*pronoun*)	what
devaal	ceasing	fit (*noun*)	foot
dinna	don't	fitbaa	football
din-raiser	trouble-maker	fit wye	why, how
div	do	flaffer	flutter
dochter	daughter	flee	fly
doo	pigeon	flee up	get lost
doon	down	fleer	floor
doot	doubt	fleg	scare
dother	daughter	floorie	flower
dowp	buttocks	fodd'rin	fodder
draar(s)	drawer(s)	foo	why, how
drouth(y)	thirst(y)	fool	dirty
dubby	muddy	footer (*n*)	hindrance
dunce	dance	forfochen	exhausted
dunt	a blow	fower	four
		fraisie	given to flattery

fulpie	puppy	hinna	have not
funcy	fancy, (-cake)	hiv	have
funnin	doing in fun	hivven	heaven
fup	whip	hiz	us
furly	revolving	hoast	cough
fushionless	lacking vigour	hoor	hour
futlie beelin	whitlow	hoose	house
fyn	find	hoovrin	vacuum-cleaning
gaan	going	howk	dig
gae	go	hud yir tongue	hold your tongue
gaar	cause to	hull	hill
gey	rather	hullocks	heaps
gairden	garden	humphie-baakit	hunchbacked
gie	give	hunder/hunner	hundred
gie into trouble	scold	hungry (Ungus)	mean (person)
gin	if	hurdies	buttocks
girn	complaint	ilka	each, every
girnie	querulous	ill-farrant	bad-mannered
glesses	glasses	ill-faart	ugly
gomeril	fool	ill-naturt	ill-natured
greet	weep	ill teen	bad mood
grieve	farm manager	ill-trickit	naughty
grippy	tight-fisted	intil	into
grun	ground	jaanie	janitor
grunnie	grannie	jaiket	jacket
gweed	good	jaloose	guess
gyad sakes	ugh!	jamaica	seizure, etc
gype	fool	jeelt	frozen
haan	hand	jine-on	playground game
haen (hin)	had (*perf.*)	jist	just
heapie-on	boys' game	ken	know
hale jingbang	whole lot	kirk	church
halflin	stable-boy	kist	chest,coffin
hallyrackit	boistrous	kitchie(-deem)	kitchen(-maid)
heelster-gowdie	head over heels	kitlin	kitten
heid	head	kneip	knock
heid-bummer	leader	kowk	retch
heidie	headteacher	kypie	hole for marbles
heist	raise	kyte	belly, stomach
hert	heart	kwyte	coat
het	hot	laach	laugh
hid	had (*past*)	laad(ie)	young man
hing	hang	laavie	lavatory
hingin-luggit	droopy	lacers	shoe-laces

lang-nebbit	nosey	onyroad (up)	anyway
laas	girl	onywye	anyway
laas(ie)	young girl	oot	out
leavie-oh	catching game	or	till, before
lecht	light	orra man	odd-job man
lee	lie	orra loon	odd-job boy
lickin	punishment	ower	over
limmer	loose woman	oxter	armpit
loon(ie)	boy	park	field
losh	Lord	peel	pill
lowp	leap	peelie wally	sickly
lowse (adj)	loose	peenie	pinny
lowse (v)	finish work	peer	poor
lug	ear	perjink	prim
lum	chimney	pernickety	fastidious
lundies	double ropes	picter	picture
ma	mother	piece	portable snack
maak	make	pirnie	cotton reel
maak on	pretend	plook	pimple
maan	man, husband	pluntie	plant
mair	more	plyter	potter
mairriet	married	poke	bag
meal an ale	social event	pooch	pocket
messages	shopping	pooder	powder
minneer	a todo	poor	pour
mintie	minute	powk	poke
mishanter	mishap	press	cupboard
mither	mother	prood	proud
moo	mouth	pye	selection rhyme
moocher	scrounger	pynt	point
moose	mouse	pyshen/pooshan	poison
mowser	moustache	queet	ankle
muck	clean out	quine/quinie	girl, daughter
muckle	large	raan	cod roe
myn(d)	remember	raivelt	mentally
naebody	nobody		confused
neb	nose	redd	tidy
necht	night	rizzon	reason
neep	turnip	room	best room
neive	fist	roon	round
newse	chat	roon-shoodert	round-shouldered
nickum	young rascal	rooser	watering can
nor	than	roup	auction sale
onybody	anybody	rowie	morning roll

rummle	rumble	**sorras**	sorrows
rype	search	**speir**	ask
saa	saw	**spik**	speak
saaf	safe	**splay-fittit**	turned out toes
sae	so	**sproot**	sprout
sair	sore	**spyle**	spoil
sappy sodjers	ball game	**staan**	stand
sark	shirt	**staap**	stuff
scaart	scratch	**starvation**	very cold
scoof	swig	**steen**	stone
scraich	screech	**steer** (*v* and *n*)	stir
scruff	inferiors	**still an on**	nonetheless
scud	tawse, belt	**stob**	stub
secht	sight	**stoond**	throb
seen	soon	**straacht**	straight
semmit	vest	**styoo**	dust
sester	sister	**styoomer**	foolish person
sex/sax	six	**sumph**	foolish person
shaak	shake	**suppie**	sip
shank	leg	**swaak**	agile
sharn	(see under sheen)	**swaally**	swallow
sheen	shoes	**syne**	presently
shew	sew	**taak**	take
shilpit	puny	**tae**	to
shooder	shoulder	**tee**	too, also
shoogly	wobbly	**teem**	empty
shottie	turn	**teen**	mood
showdy	push to-fro	**teet**	peep
siccar	sure	**telt**	told
sik	seek	**thochtie**	thought, bit
siller	silver, money	**thole**	endure
sivven	seven	**thoomb**	thumb
skelp	smack	**thoosan**	thousand
skinnymalink	thin person	**thrawn**	stubborn
sklyte	heavy fall	**thunner**	thunder
skycie	unsporting	**tik an taak**	game of tag
skytie	slippery	**till**	to
smaa	small	**tine**	lose
smaa-boukit	of small build	**tint**	lost
smor'n/smoor'n	smothering	**trig** (*adj*)	tidy
snaa	snow	**troke**	clutter
sodjer	soldier	**troosers**	troosers
soo	sow	**tummle**	tumble
soor	sour	**twaa**	two

twal	twelve	win	leave, go
twinty	twenty	windae	window
tyaave	struggle	winner	wonder
untie	auntie	wint	want
vratch	wretch	wither	weather
vrite/vreet	write	wrang	wrong
vyce	voice	wrunkelt	wrinkled
waa	wall	wumman	woman
waabit	exhausted	wyce	wise
waallie-draigle	tramp	wyme	belly, womb
waashin	washing	wyte	wait
wast	west	yark	wrench
wecht	weight, fellow	ye	you
weel	well	yir	your
weer	wear	you eens	you (*plural*)
weet	wet	yoke	start work
wi	with	yon	that
wifie	woman	yowe	ewe, sheep
wik-en	week-end		

NOTES

NOTES